Sa Majesté mon chat

Scénario : Stephen Desberg
Dessin et couleurs : Anna Talaï

Kennes

Kennes
Éditeur
de coups de cœur

Retrouvez-nous sur www.kenneseditions.com

Rejoignez-nous sur notre page Facebook : www.facebook.com/KennesEditions

Suivez-nous sur notre compte Instagram : kenneseditions

Première édition

Rue de la Blanche Borne 15
6280 Gerpinnes (Loverval) – Belgique
www.kenneseditions.com

Dépôt légal : septembre 2021 | D/2021/13.105/163
ISBN 978-2-3807-5352-3 | NUART 37-6387-3

Imprimé en Belgique sur les presses de Delabie

HMM... QUEL DÉLICIEUX FUMET ! ON SE DÉCIDE ENFIN À PRÉPARER UN REPAS DIGNE DE MON ESTOMAC DÉLICAT.
VOYONS... DE LA DAURADE... OU DU TURBOTIN ?
ET QU'AVONS-NOUS PRÉVU EN ACCOMPAGNEMENT ? ATTENTION, JE SUIS TRÈS À CHEVAL SUR LA CUISSON...
?!?

TU ES DANS MON CHEMIN, MINOU. JE SUIS DÉJÀ TRÈS EN RETARD.
EFFECTIVEMENT. JE CROYAIS AVOIR ÉTÉ CLAIR SUR CE POINT. JE DÉTESTE ATTENDRE.
J'ESPÈRE QUE TU N'AS PAS TROP FAIM, PARCE QUE CE SOIR IL Y A DES CHOSES BIEN PLUS URGENTES !
DRING
DRING
LA SONNETTE ! ELLE EST DÉJÀ LÀ !
UNE LIVRAISON TRAITEUR ? ON S'EST ENFIN DÉCIDÉ À ME FAIRE SERVIR UNE COMMANDE À DOMICILE ?
ON EST UN PEU MOINS RADIN, POUR UNE FOIS. ÇA POURRAIT ME FAIRE PARDONNER BEAUCOUP DE CHOSES...

BONSOIR JEAN, VOTRE MAISON EST RAVISSANTE !
JE SUIS TELLEMENT HEUREUX QUE VOUS AYEZ ACCEPTÉ MON INVITATION, ÉMILIE !
PERMETTEZ-MOI DE VOUS PRÉSENTER MINOU. MON CHAT.
BIEN SÛR, COMME TOUS LES CHATS, IL EST PERSUADÉ QUE CETTE MAISON LUI APPARTIENT. ET QUE C'EST MOI QUI SUIS... SON HUMAIN.
EN FAIT, JE SUIS CERTAIN QU'IL CONSIDÈRE QUE NOUS SOMMES SUR SON TERRITOIRE ET QU'IL N'EST PAS CONTENT DU TOUT.
HA HA HA !
HA HA HA HA !
SA MAISON... SON HUMAIN... HA HA HA HA !
HA HA-HA-HA HA-HA-HA HA-HA-HA HA

MAIS QU'EST-CE QU'ILS S'IMAGINENT VENIR FAIRE CHEZ MOI ? CECI NÉCESSITE UN AVERTISSEMENT SÉVÈRE.
JE VAIS FIXER CETTE FEMELLE, LA FIXER INLASSABLEMENT JUSQU'À CE QU'ELLE COMPRENNE QU'ELLE N'EST PAS LA BIENVENUE DANS CETTE MAISON.
IL VA PEUT-ÊTRE FALLOIR QUE JE SOIS INLASSABLE LONGTEMPS. MAIS ELLE VA VOIR CE QU'ELLE VA VOIR !
CETTE MAISON... L'HUMAIN NOMMÉ JEAN... CE DIVAN...
... TOUT ICI M'APPARTIENT. TU COMPRENDS, MAINTENANT ?

MINOU ? JE T'AI FINALEMENT RETROUVÉ UNE BOÎTE DE THON SAUVAGE !
VIENS MANGER !
DU THON SAUVAGE. PERSONNE NE PEUT RÉSISTER À UN PIÈGE PAREIL !
MAIS ELLE VA VOIR CE QU'ELLE VA VOIR... APRÈS.

PAUVRE INNOCENTE. TU VAS REGRETTER TON INSOLENCE. CECI EST MON TERRITOIRE !
À PRÉSENT, TU VAS COMPRENDRE OÙ TU AS MIS LES PIEDS !
MON ODEUR SERA PARTOUT ET MA VENGEANCE, TERRIBLE.
TON CHAT SE COMPORTE VRAIMENT BIZARREMENT ! JE ME DEMANDE S'IL NE VEUT PAS NOUS DIRE QUELQUE CHOSE...
MAIS NON, JE N'AI PAS BESOIN DE SORTIR PRENDRE L'AIR ! BANDE D'IMBÉCILES ! LAISSEZ-MOI RENTRER... CHEZ MOI !!!

PUISQU'IL EN EST AINSI, JE VAIS LUI SORTIR MON PLUS TERRIBLE NUMÉRO. LE REGARD MIGNON QUI N'EST PAS MIGNON DU TOUT...
LE REGARD QUI HYPNOTISE, QUI COMMANDE. QUI VA LUI ORDONNER DE NE PLUS JAMAIS REVENIR. CAR JE SUIS LE MAÎTRE !
LE MAÎTRE ABSOLU ET INDISCUTABLE DE CET HUMAIN ET DE CETTE MAISON...
CE REPAS ÉTAIT DÉLICIEUX, JEAN. VRAIMENT, JE ME SUIS RÉGALÉE. JE NE POURRAIS PAS AVALER UNE BOUCHÉE DE PLUS !

UN PETIT DESSERT ?
ÉMILIE... JE SUIS DÉSOLÉ. JE CROIS QUE... MINOU VOULAIT SEULEMENT TE FAIRE... EUH... UN CADEAU DE BIENVENUE !

NE... NE LE JUGE PAS MAL. CE N'EST QU'UN... QU'UN SIMPLE CHAT INNOCENT...
BAM
MINOU EST-IL VRAIMENT UN SIMPLE CHAT INNOCENT ? UN CHAT EST-IL JAMAIS... INNOCENT ?
VOILÀ. LA QUESTION MÉRITE SÉRIEUSEMENT D'ÊTRE ÉTUDIÉE...
ET IL EST PRIMORDIAL D'OSER Y RÉPONDRE.

ALORS REPRENONS LES CHOSES DEPUIS LE DÉBUT. CECI EST DONC LA MAISON DE MINOU (OÙ VIT ÉGALEMENT JEAN).

ON L'A DÉJÀ VU, MINOU EST ASSEZ STRICT AVEC JEAN ET VEILLE À IMPOSER UNE CERTAINE DISCIPLINE DANS LEURS RAPPORTS.

LES REPAS SONT SERVIS À HEURES PRÉCISES. ILS SONT CONSTITUÉS DE METS DÉLICATS DE MARQUES TRAITEUR...

... ET DOIVENT ÊTRE VALIDÉS PAR LE MAÎTRE DES LIEUX. MINOU, DONC.

LA LITIÈRE EST CHANGÉE TOUS LES JOURS. MAINTENUE EN PERMANENCE DANS UN PARFAIT ÉTAT DE FRAÎCHEUR...
... DANS LE RESPECT TOTAL DE SON INTIMITÉ.
MAIS PLUS IMPORTANT, BEAUCOUP PLUS IMPORTANT, MINOU SE MONTRE TERRIBLEMENT INTRANSIGEANT SUR LE RESPECT INCONDITIONNEL DE SES SIESTES.

ALORS ? QUAND EST-CE QU'ON MANGE, DANS CETTE MAISON ?

ET VOICI LE MOMENT, CHER LECTEUR, D'ÉVALUER AVEC QUELQUES PETITS TESTS DE PSYCHOLOGIE LE DEGRÉ DE VOTRE INTOXICATION FÉLINE. À VOTRE AVIS, MINOU EST-IL :
A) ADORABLE
B) CHARMANT
C) COMPRÉHENSIBLEMENT AGACÉ ?
MINOU VEILLE À RÉCOMPENSER JEAN DE SES EFFORTS EN LUI ACCORDANT QUELQUES MARQUES D'AFFECTION. VOUS LE TROUVEZ :
A) MIGNON
B) DÉCIDÉMENT CRAQUANT
C) TROP CHOU ?
LES CARESSES AIDENT MINOU À SE CONCENTRER SUR SES PLANS POUR LA SOIRÉE. MINOU VA PROBABLEMENT SORTIR DANS LE QUARTIER, QUI LUI APPARTIENT ÉGALEMENT. EST-IL :
A) TROGNON
B) TELLEMENT ATTACHANT
C) IRRÉSISTIBLE ?
DÈS QUE MINOU SE RETROUVE AU JARDIN, LES OISEAUX SE TIENNENT À CARREAU. PARCE QUE MINOU EST :
A) MAGNIFIQUE
B) UNE MERVEILLEUSE MACHINE À TUER
C) SI GENTIL ?

QUELQUES CAPOTS DE VOITURES ENCORE CHAUDS, DIVERSES POUBELLES À DÉCHIRER, DEUX OU TROIS CHIENS DE VOISINS TROP VIEUX POUR ÊTRE À LA HAUTEUR.
LES AUTRES SONT ATTACHÉS ET N'ONT QUE LEURS ABOIEMENTS POUR ÉVACUER LEURS FRUSTRATIONS. MINOU A-T-IL :
A) RAISON DE LEUR ADRESSER SON MÉPRIS
B) DE SI BELLES ONDULATIONS DE LA QUEUE
C) UN SUPERBE SENS DE L'HUMOUR ?
SI VOUS AVEZ COCHÉ UNE SEULE DE CES RÉPONSES, CELA SIGNIFIE QUE VOUS PRÉSENTEZ UN DEGRÉ PRÉOCCUPANT D'INTOXICATION FÉLINE !
ET CELA SE SOIGNE, MAMAN ?
DIFFICILEMENT. TRÈS DIFFICILEMENT !

VOUS REFUSEZ DE REGARDER LES CHOSES EN FACE ET DE VOIR LA DUPLICITÉ DE CES ANIMAUX DANGEREUX POUR VOTRE SANTÉ !

AH LES CHATS ! ADORABLES, MAIS CRUELLES CRÉATURES ! ELLES SONT MÊME CRUELLES ENTRE ELLES.

REGARDE, C'EST MINOU. TU LUI CONNAIS DES FRÈRES ET SŒURS ?
ON RACONTE QUE SA MÈRE ÉTAIT UNE CHATTE FACILE, ET QU'IL N'A PAS CONNU SON PÈRE.

JE SUIS SÛR QU'IL S'IMAGINE DESCENDRE D'UN REDOUTABLE CHAT DE GOUTTIÈRE. VOIRE UN CHEF DE CLAN !
UN CHASSEUR DE MOLOSSES ! HA HA !

NOUS AVONS SOULIGNÉ L'IMMENSE, L'INESTIMABLE IMPORTANCE DE LA NOURRITURE DANS LA VIE D'UN CHAT. IL SERAIT POURTANT INJUSTE DE PENSER QUE LE CHAT NE S'INTÉRESSE QU'À SON VENTRE.
CE COMPORTEMENT POURRAIT VOUS FAIRE CROIRE QUE MINOU A REPÉRÉ DES RESTES DE LOTTE AUX PETITS LÉGUMES.
DÉTROMPEZ-VOUS ! POUR QUELQUES COURTS INSTANTS, VOUS ALLEZ ASSISTER À L'UN DES MIRACLES DE LA NATURE : UN CHAT QUI PENSE À AUTRE CHOSE QU'À LUI-MÊME !

MÉFIEZ-VOUS DE CELUI-LÀ. ON LUI A CONNU DE NOMBREUSES LIAISONS, DANS LES JARDINS BIEN ENTRETENUS COMME SUR LES GOUTTIÈRES.
IL A LAISSÉ DE GRANDS CHAGRINS DANS SON SILLAGE, ET AUTANT DE CHATONS QU'IL N'A JAMAIS RECONNUS.
IL EST DE MAUVAISE FOI, IMBU DE LUI-MÊME ET REMARQUABLEMENT ÉGOÏSTE.
UN CHAT. UN VRAI CHAT !

QUAND MINOU RENTRE AU PETIT MATIN DE SES VIRÉES NOCTURNES, C'EST POUR POUSSER JEAN HORS DU LIT. IL EST TEMPS QUE CELUI-CI AILLE TRAVAILLER ET GAGNER DE QUOI PAYER LES REPAS TRAITEUR !

ET MINOU PEUT S'ENDORMIR TRANQUILLE. LA CONQUÊTE COLONIALE DES CHATS SUR LE GENRE HUMAIN A PRIS QUELQUES SIÈCLES, MAIS ELLE EST QUASIMENT ACHEVÉE.

LES HUMAINS ONT ÉTÉ
DES PROIES SI FACILES.

SI NOUS PASSONS SOUS SILENCE
L'ÉPISODE ANTIQUE ET HONTEUX DES
ÉGYPTIENS QUI ONT POUSSÉ LE RIDICULE
JUSQU'À FAIRE D'EUX DES DIEUX...

... IL EST DIFFICILE DE S'ACCORDER SUR UNE DATE
PRÉCISE ANNONÇANT LA VICTOIRE DES CHATS.

SANS DOUTE À UNE ÉPOQUE OÙ ON SE REND COMPTE
QU'ILS PEUVENT ÊTRE UTILES CONTRE LES RATS ET LA PESTE,
UNE CHRONIQUE RECOPIÉE PAR UN MOINE SIGNALE
UNE FEMME AYANT TROUVÉ UN CHAT « MIGNON ».

GRAVE ET FATALE
ERREUR !

LE TERME « MIGNON » SEMBLE MARQUER
LE DÉBUT DE LA FIN POUR LE GENRE HUMAIN, CAR
IL SE PROPAGE ENSUITE À LA VITESSE ÉCLAIR
À TRAVERS L'EUROPE...

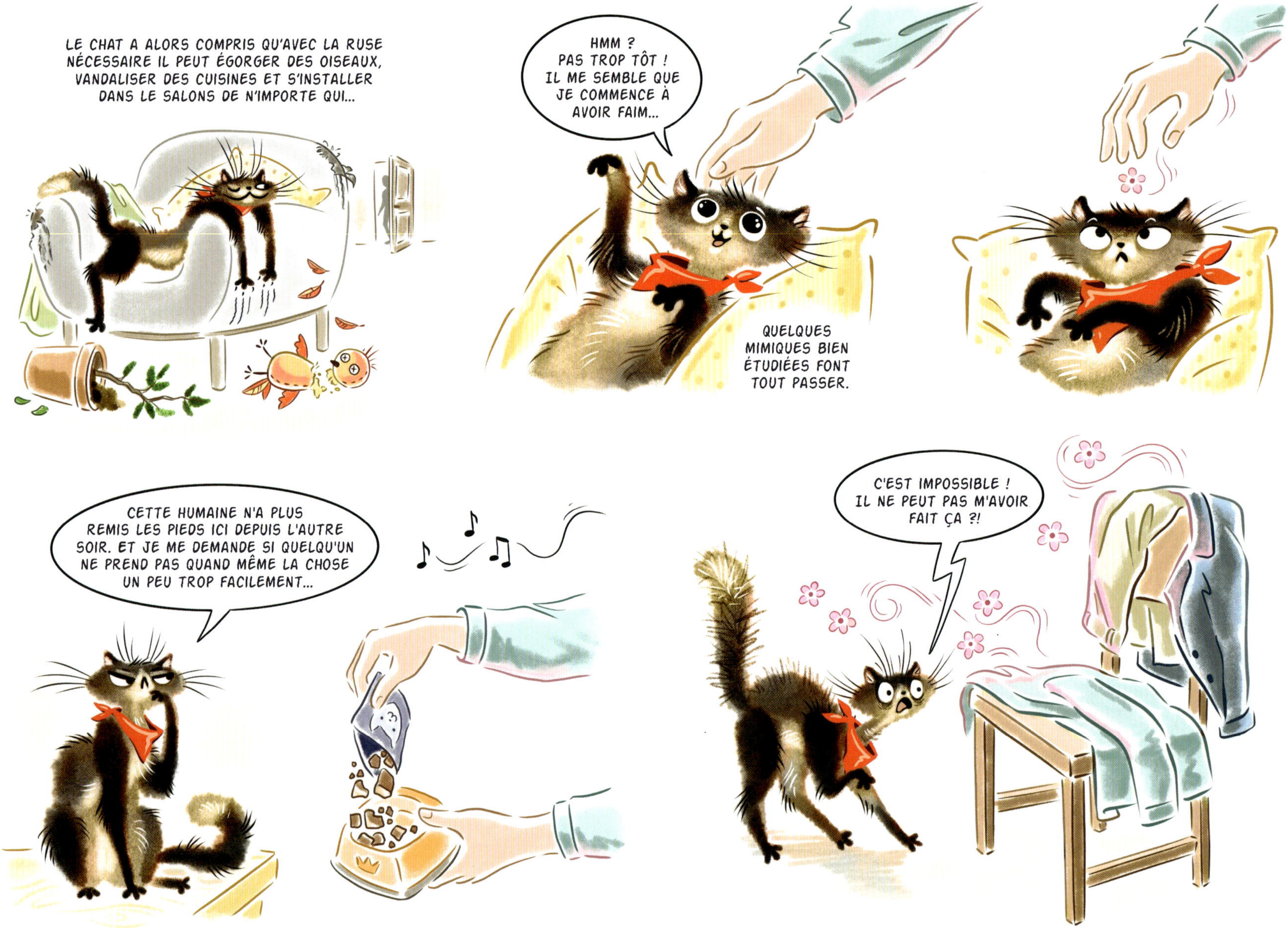
LE CHAT A ALORS COMPRIS QU'AVEC LA RUSE NÉCESSAIRE IL PEUT ÉGORGER DES OISEAUX, VANDALISER DES CUISINES ET S'INSTALLER DANS LE SALONS DE N'IMPORTE QUI...
HMM ? PAS TROP TÔT ! IL ME SEMBLE QUE JE COMMENCE À AVOIR FAIM...
QUELQUES MIMIQUES BIEN ÉTUDIÉES FONT TOUT PASSER.
CETTE HUMAINE N'A PLUS REMIS LES PIEDS ICI DEPUIS L'AUTRE SOIR. ET JE ME DEMANDE SI QUELQU'UN NE PREND PAS QUAND MÊME LA CHOSE UN PEU TROP FACILEMENT...
C'EST IMPOSSIBLE ! IL NE PEUT PAS M'AVOIR FAIT ÇA ?!

À PLUS TARD, MINOU. JE RETOURNE TERMINER UN TRAVAIL AU BUREAU. NE M'ATTEND PAS POUR DORMIR.
HA HA HA ! COMME SI MINOU ALLAIT ATTENDRE QUOI QUE CE SOIT POUR DORMIR... OU POUR MANGER, D'AILLEURS ! HA HA !
ON A PRIS L'HABITUDE DE TRAVAILLER UN PEU TROP SOUVENT AU BUREAU LE SOIR, CES DERNIERS TEMPS...
5
CETTE BONNE HUMEUR ME SEMBLE AFFREUSEMENT SUSPECTE !

ILS N'ONT JAMAIS CESSÉ DE SE VOIR ! ILS ONT JUSTE DÉCIDÉ DE LE FAIRE AILLEURS... DANS MON DOS !

SANS MON AUTORISATION !

DEPUIS QUE JE SUIS CHATON, J'AI PERMIS À CET HUMAIN DE S'OCCUPER DE MOI ET DE MES MOINDRES BESOINS/DÉSIRS...
C'EST UNE TRAHISON INACCEPTABLE, QUI DOIT ÊTRE PUNIE AVEC UNE SÉVÉRITÉ SANS PRÉCÉDENT !
JE VAIS... JE VAIS LE PRIVER DE MA COMPAGNIE, TIENS !
JE L'IMAGINE DÉJÀ, RENTRANT À LA MAISON, COMMENÇANT À RÉALISER QUE JE NE SUIS PLUS LÀ.
MINOU EST PARTI ! MINOU EST SORTI DE MA VIE ! QU'EST-CE QUI POURRAIT ÊTRE PIRE QUE ÇA ?
HA-HA
HA-HA-HA
HA-HA

CE N'EST ABSOLUMENT PAS UN PROBLÈME POUR MINOU. IL A SES ENTRÉES CHEZ PLUSIEURS VIEILLES DU QUARTIER QUI ONT DÉJÀ TOUT TENTÉ POUR L'ADOPTER...
HELLO, C'EST MOI ! ALORS, HEUREUSE DE ME VOIR ?
D'AILLEURS CELA CONVIENT BEAUCOUP MIEUX AU CARACTÈRE DE MINOU. ALLER LÀ OÙ L'INSPIRATION DU JOUR OU DE LA NUIT LE CONDUIT. ACCORDER SES FAVEURS ICI OU LÀ AU GRÉ DE SES HUMEURS.
SURTOUT QUAND LE SUJET SE RÉVÈLE AUSSI FAIBLE ET INGRAT !
VARIER LES CROQUETTES, VARIER LES DIVANS ! ÊTRE TOUJOURS LE MAÎTRE DE LA MÊME PERSONNE, CELA FINIT PAR DEVENIR LASSANT.

JE NE SAIS PAS POURQUOI CES VIEILLES DAMES ONT TOUJOURS MES MEILLEURS CHAUFFAGES.
ET LES PLUS HORRIBLES COUSSINS !
PETIT GARNEMENT ! CELA FAIT DÉJÀ LE CINQUIÈME QUE TU ME DÉCHIRES !
MINOU S'ORGANISE UNE TOURNANTE EN FONCTION DES OFFRES DE BARQUETTES TRAITEUR ET AUTRES CROQUETTES... PUIS, LE VENTRE BIEN REMPLI, IL SOMNOLE EN RÊVANT DES ANGOISSES DE JEAN.
HÉ HÉ ! JE PARIE QU'IL EST EN TRAIN DE COURIR LES COMMISSARIATS, LES CLINIQUES VÉTÉRINAIRES. FOU D'INQUIÉTUDE À LA CONSULTATION DES REGISTRES DE CHATS ÉCRASÉS...
ALORS VOYONS... A-T-ON DÉJÀ APPOSÉ UNE OFFRE DE RÉCOMPENSE ?
DISPARU.
UN PAUVRE FÉLIN DÉSEMPARÉ S'EST ÉGARÉ. IL EST PEUT-ÊTRE EN GRAND DANGER. AIDEZ-NOUS À LE RETROUVER !

BEN, MON GARS, TU DEVIENS UNE VRAIE VEDETTE. IL Y A TON PORTRAIT PARTOUT !

IL DOIT ÊTRE UNE VÉRITABLE MERVEILLE POUR QUE SON MAÎTRE LE RECHERCHE À CE POINT !
OUI, IL A FORCÉMENT UN CŒUR EN OR !

J'AI VU TON HUMAIN CE MATIN SUR LE CHEMIN DU TRAVAIL ET JE L'AI TROUVÉ AMAIGRI, SOUCIEUX...

SANS DOUTE. MAIS IL EST HORS DE QUESTION DE LEVER LA SANCTION AUSSI VITE. LA LEÇON DOIT ÊTRE À LA HAUTEUR DE LA TRAHISON !

DEUX MOIS SE SONT ÉCOULÉS QUAND MINOU SE DIT QU'IL VA PEUT-ÊTRE METTRE UN TERME AUX SOUFFRANCES DE JEAN ET RÉAPPARAÎTRE.
PROBABLEMENT PARCE QUE LES VIEILLES S'HABITUENT UN PEU TROP À SES VISITES.
ELLES NE VARIENT PLUS ASSEZ LES MENUS.
TU N'AS PAS VU MINOU ?
NON. JUSTEMENT JE SUIS À SA RECHERCHE MOI AUSSI. POURQUOI ?
DE QUI PARLEZ-VOUS ? DE MON MINOU ?
CERTAINEMENT PARCE QU'IL S'EST EMBARQUÉ DANS TROIS LIAISONS AVEC DES CHATTES DIFFÉRENTES, QUI ONT DÉCOUVERT SES INFIDÉLITÉS ET LE CHERCHENT PARTOUT.
HUM... JE CROIS QUE LE MOMENT D'UN RETOUR TRIOMPHAL EST ARRIVÉ.

JE VOIS DÉJÀ LES LARMES DE JOIE. IL Y AURA CERTAINEMENT UN ROYAL REPAS DE RETROUVAILLES, ET...
ÉTRANGE. ON DIRAIT QUE... QUE QUELQUE CHOSE A CHANGÉ... ?!

CELA NE SAUTE PAS AUX YEUX, MAIS LES ODEURS NE SONT PLUS TOUT À FAIT LES MÊMES. IL Y A AUSSI PLUS DE VÊTEMENTS QU'AVANT...

C'EST QUOI, CES FLEURS ?!
ET CES PHOTOS ?
JE NE SUIS PAS DU TOUT D'ACCORD AVEC CES...
... CES CHANGEMENTS.
MINOU ! TU ES DE RETOUR ?!
C'EST... C'EST QUI, ÇA ?
MINOU, JE TE PRÉSENTE MAÏ THAÏ. MAIS TU PEUX L'APPELER DARLING SI TU VEUX.

J'AI UNE GRANDE NOUVELLE, MINOU. ÉMILIE EST VENUE HABITER AVEC NOUS ! AVEC DARLING, BIEN SÛR.

CE N'EST PAS POSSIBLE ! IL N'Y A PAS DE PLACE DANS MA MAISON POUR LEURS AFFAIRES... LEURS ODEURS... ET LEURS HABITUDES !

MINOU ! QUELLE AGRÉABLE SURPRISE ! TU AS DÉJÀ FAIT LA CONNAISSANCE DE DARLING ? JE SUIS CERTAINE QUE ÇA VA TRÈS BIEN SE PASSER ENTRE VOUS DEUX !

ET TOI ET MOI, NOUS ALLONS BIEN NOUS ENTENDRE AUSSI ! N'EST-CE PAS MINOU ? ÇA NE TIENT QU'À TOI, APRÈS TOUT !